Tous droits réservés. Aucune partie de ceci
la publication peut être reproduite, distribuée,
ou transmis sous quelque forme ou par quelque
moyen que ce soit,
y compris la photocopie, l'enregistrement ou autre
méthodes électroniques ou mécaniques, sans
l'autorisation écrite préalable de l'éditeur.

**Copyright © PAR RAFAEL DEL BRINO**

# TROUBLE OPPOSITIONNEL AVEC PROVOCATION

## Journal pour les enfants

CET OUTIL APPARTIENT À

**PRÉNOM**

..................................................

# T.O.AP
# FEUILLE DE COLÈRE

**Décrire le problème**
_____
_____
_____
_____
_____
_____

**Qu'est-ce qui me met en colère?**
(Liste 3 choses)

**À quoi ressemble la colère dans mon corps?**

**Que puis-je faire quand je commence à me sentir en colère**

**Quelle meilleure façon d'exprimer ma colère au lieu de crier ou de frapper?**

**Quand je suis calme, que puis-je faire pour éviter de me mettre en colère à l'avenir?**

# Nommer les émotions

*Étiqueter nos émotions nous aide à comprendre ce que nous ressentons et quelles actions et comportements nous avons pris pour nous faire ressentir de cette façon*

- Étiquetez les émotions et réfléchissez à ce qu'elles vous donnent envie de faire

| Dessiner l'émotion | pourquoi ai-je ressenti cela? | Ça me donne envie de |
|---|---|---|
| 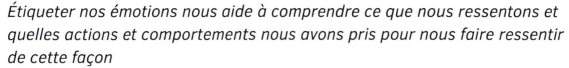 **Bonheur** | J'ai trouvé mon ami en train de se disputer avec une autre personne, d'échanger des insultes et de crier. Je n'aimais pas ce comportement, alors je suis intervenu. Je suis intervenu. Je suis heureux parce que j'ai résolu le conflit de manière pacifique. | sourire<br>rire<br>tranquille |
|  |  |  |
|  |  |  |
|  |  |  |
|  |  |  |

# Nommer les émotions

*Étiqueter nos émotions nous aide à comprendre ce que nous ressentons et quelles actions et comportements nous avons pris pour nous faire ressentir de cette façon*

- Étiquetez les émotions et réfléchissez à ce qu'elles vous donnent envie de faire

| Dessiner l'émotion | pourquoi ai-je ressenti cela? | Ça me donne envie de |
|---|---|---|
|  |  |  |
|  |  |  |
|  |  |  |
|  |  |  |
|  |  |  |

# Étiquetez vos émotions

Regardez les émotions dans le tableau ci-dessous et écrivez ce qu'elles vous donnent envie de faire. Ensuite, pensez à une façon plus saine de répondre à ces émotions.

| Émotion | Qu'est-ce que ça me donne envie de faire ? | Une réponse plus saine |
|---|---|---|
| Colère | Crier ou frapper | Respirez profondément ou parlez à quelqu'un |
| Tristezza | Tristesse | Parlez à quelqu'un ou faites quelque chose que vous aimez |
| Peur | Fuguer ou se cacher | Respirez profondément ou parlez à quelqu'un |
| Bonheur | Rire ou sourire | Profitez du moment présent ou partagez-le avec les autres |
| Frustration | Abandonner ou céder | Faites une pause et réessayez plus tard |
| Jalousie | Soyez méchant ou compétitif | Célébrer le succès des autres et travailler à l'amélioration de soi |

# Étiquetez vos émotions

*Regardez les émotions dans le tableau ci-dessous et écrivez ce qu'elles vous donnent envie de faire. Ensuite, pensez à une façon plus saine de répondre à ces émotions.*

|  |  |  |
|---|---|---|
|  |  |  |
|  |  |  |
|  |  |  |
|  |  |  |
|  |  |  |
|  |  |  |
|  |  |  |

# Gérer les crises de colère

*Effectuez l'exercice suivant pour apprendre à gérer votre crise de colère*

- Notez 3 situations ou événements qui ont déclenché votre crise de colère aujourd'hui

  - 1 ................................................................
  - 2 ................................................................
  - 3 ................................................................

- Quelle est votre stratégie ou votre plan aujourd'hui pour faire face à ces explosions?

- Évaluation de mon plan d'adaptation et démonstration de comportements positifs par les parents + ma récompense.

C'EST SYMPA    GÉNIAL    MOYENNE    BON TRAVAIL

# T.O.A.P
## FEUILLE DE COLÈRE

**Décrire le problème**

_____
_____
_____
_____
_____
_____

- Qu'est-ce qui me met en colère? (Liste 3 choses)

- À quoi ressemble la colère dans mon corps?

- Que puis-je faire quand Je commence à me sentir en colère

- Quelle meilleure façon d'exprimer ma colère au lieu de crier ou de frapper?

- Quand je suis calme, que puis-je faire pour éviter de me mettre en colère à l'avenir?

# Nommer les émotions

*Étiqueter nos émotions nous aide à comprendre ce que nous ressentons et quelles actions et comportements nous avons pris pour nous faire ressentir de cette façon*

● Étiquetez les émotions et réfléchissez à ce qu'elles vous donnent envie de faire

| Dessiner l'émotion | pourquoi ai-je ressenti cela? | Ça me donne envie de |
|---|---|---|
| **Bonheur** | J'ai trouvé mon ami en train de se disputer avec une autre personne, d'échanger des insultes et de crier. Je n'aimais pas ce comportement, alors je suis intervenu. Je suis intervenu. Je suis heureux parce que j'ai résolu le conflit de manière pacifique. | sourire<br>rire<br>tranquille |
|  |  |  |
|  |  |  |
|  |  |  |
|  |  |  |

# Nommer les émotions

*Étiqueter nos émotions nous aide à comprendre ce que nous ressentons et quelles actions et comportements nous avons pris pour nous faire ressentir de cette façon*

- Étiquetez les émotions et réfléchissez à ce qu'elles vous donnent envie de faire

| Dessiner l'émotion | pourquoi ai-je ressenti cela? | Ça me donne envie de |
|---|---|---|
|  |  |  |
|  |  |  |
|  |  |  |
|  |  |  |
|  |  |  |

# Étiquetez vos émotions

Regardez les émotions dans le tableau ci-dessous et écrivez ce qu'elles vous donnent envie de faire. Ensuite, pensez à une façon plus saine de répondre à ces émotions.

| Émotion | Qu'est-ce que ça me donne envie de faire ? | Une réponse plus saine |
|---|---|---|
| Colère | Crier ou frapper | Respirez profondément ou parlez à quelqu'un |
| Tristezza | Tristesse | Parlez à quelqu'un ou faites quelque chose que vous aimez |
| Peur | Fuguer ou se cacher | Respirez profondément ou parlez à quelqu'un |
| Bonheur | Rire ou sourire | Profitez du moment présent ou partagez-le avec les autres |
| Frustration | Abandonner ou céder | Faites une pause et réessayez plus tard |
| Jalousie | Soyez méchant ou compétitif | Célébrer le succès des autres et travailler à l'amélioration de soi |

# Étiquetez vos émotions

*Regardez les émotions dans le tableau ci-dessous et écrivez ce qu'elles vous donnent envie de faire. Ensuite, pensez à une façon plus saine de répondre à ces émotions.*

|  |  |  |
|---|---|---|
|  |  |  |
|  |  |  |
|  |  |  |
|  |  |  |
|  |  |  |
|  |  |  |
|  |  |  |

# Gérer les crises de colère

*Effectuez l'exercice suivant pour apprendre à gérer votre crise de colère*

- Notez 3 situations ou événements qui ont déclenché votre crise de colère aujourd'hui

  - 1 ........................................................................................
  - 2 ........................................................................................
  - 3 ........................................................................................

- Quelle est votre stratégie ou votre plan aujourd'hui pour faire face à ces explosions?

  ........................................................................................
  ........................................................................................
  ........................................................................................
  ........................................................................................
  ........................................................................................

- Évaluation de mon plan d'adaptation et démonstration de comportements positifs par les parents + ma récompense.

  ........................................................................................
  ........................................................................................
  ........................................................................................

  **C'EST SYMPA**   **GÉNIAL**   **MOYENNE**   **BON TRAVAIL**

# T.O.A.P
# FEUILLE DE COLÈRE

**Décrire le problème**

_____
_____
_____
_____
_____
_____

**Qu'est-ce qui me met en colère?**
(Liste 3 choses)

**À quoi ressemble la colère dans mon corps?**

**Que puis-je faire quand Je commence à me sentir en colère**

**Quelle meilleure façon d'exprimer ma colère au lieu de crier ou de frapper?**

**Quand je suis calme, que puis-je faire pour éviter de me mettre en colère à l'avenir?**

# Nommer les émotions

*Étiqueter nos émotions nous aide à comprendre ce que nous ressentons et quelles actions et comportements nous avons pris pour nous faire ressentir de cette façon*

• Étiquetez les émotions et réfléchissez à ce qu'elles vous donnent envie de faire

| Dessiner l'émotion | pourquoi ai-je ressenti cela? | Ça me donne envie de |
|---|---|---|
| 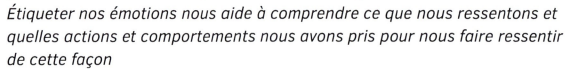 **Bonheur** | J'ai trouvé mon ami en train de se disputer avec une autre personne, d'échanger des insultes et de crier. Je n'aimais pas ce comportement, alors je suis intervenu. Je suis intervenu. Je suis heureux parce que j'ai résolu le conflit de manière pacifique. | sourire<br>rire<br>tranquille |
|  |  |  |
|  |  |  |
|  |  |  |
|  |  |  |

# Nommer les émotions

*Étiqueter nos émotions nous aide à comprendre ce que nous ressentons et quelles actions et comportements nous avons pris pour nous faire ressentir de cette façon*

- Étiquetez les émotions et réfléchissez à ce qu'elles vous donnent envie de faire

| Dessiner l'émotion | pourquoi ai-je ressenti cela? | Ça me donne envie de |
|---|---|---|
|  |  |  |
|  |  |  |
|  |  |  |
|  |  |  |
|  |  |  |

# Étiquetez vos émotions

Regardez les émotions dans le tableau ci-dessous et écrivez ce qu'elles vous donnent envie de faire. Ensuite, pensez à une façon plus saine de répondre à ces émotions.

| Émotion | Qu'est-ce que ça me donne envie de faire ? | Une réponse plus saine |
|---|---|---|
| Colère | Crier ou frapper | Respirez profondément ou parlez à quelqu'un |
| Tristezza | Tristesse | Parlez à quelqu'un ou faites quelque chose que vous aimez |
| Peur | Fuguer ou se cacher | Respirez profondément ou parlez à quelqu'un |
| Bonheur | Rire ou sourire | Profitez du moment présent ou partagez-le avec les autres |
| Frustration | Abandonner ou céder | Faites une pause et réessayez plus tard |
| Jalousie | Soyez méchant ou compétitif | Célébrer le succès des autres et travailler à l'amélioration de soi |

# Étiquetez vos émotions

*Regardez les émotions dans le tableau ci-dessous et écrivez ce qu'elles vous donnent envie de faire. Ensuite, pensez à une façon plus saine de répondre à ces émotions.*

|  |  |  |
|---|---|---|
|  |  |  |
|  |  |  |
|  |  |  |
|  |  |  |
|  |  |  |
|  |  |  |
|  |  |  |

# Gérer les crises de colère

*Effectuez l'exercice suivant pour apprendre à gérer votre crise de colère*

- Notez 3 situations ou événements qui ont déclenché votre crise de colère aujourd'hui

1. ............................................................
2. ............................................................
3. ............................................................

- Quelle est votre stratégie ou votre plan aujourd'hui pour faire face à ces explosions?

............................................................
............................................................
............................................................
............................................................
............................................................

- Évaluation de mon plan d'adaptation et démonstration de comportements positifs par les parents + ma récompense.

............................................................
............................................................
............................................................

C'EST SYMPA   GÉNIAL   MOYENNE   BON TRAVAIL

# T.O.A.P
## FEUILLE DE COLÈRE

**Décrire le problème**
_____
_____
_____
_____
_____
_____

**Qu'est-ce qui me met en colère?**
(Liste 3 choses)

**À quoi ressemble la colère dans mon corps?**

**Que puis-je faire quand je commence à me sentir en colère**

**Quelle meilleure façon d'exprimer ma colère au lieu de crier ou de frapper?**

**Quand je suis calme, que puis-je faire pour éviter de me mettre en colère à l'avenir?**

# Nommer les émotions

*Étiqueter nos émotions nous aide à comprendre ce que nous ressentons et quelles actions et comportements nous avons pris pour nous faire ressentir de cette façon*

- Étiquetez les émotions et réfléchissez à ce qu'elles vous donnent envie de faire

| Dessiner l'émotion | pourquoi ai-je ressenti cela? | Ça me donne envie de |
|---|---|---|
| 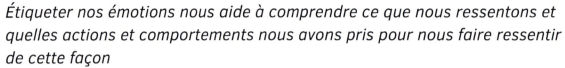 **Bonheur** | J'ai trouvé mon ami en train de se disputer avec une autre personne, d'échanger des insultes et de crier. Je n'aimais pas ce comportement, alors je suis intervenu. Je suis intervenu. Je suis heureux parce que j'ai résolu le conflit de manière pacifique. | sourire<br>rire<br>tranquille |
| | | |
| | | |
| | | |
| | | |

# Nommer les émotions

*Étiqueter nos émotions nous aide à comprendre ce que nous ressentons et quelles actions et comportements nous avons pris pour nous faire ressentir de cette façon*

- Étiquetez les émotions et réfléchissez à ce qu'elles vous donnent envie de faire

| Dessiner l'émotion | pourquoi ai-je ressenti cela? | Ça me donne envie de |
|---|---|---|
|  |  |  |
|  |  |  |
|  |  |  |
|  |  |  |
|  |  |  |

# Étiquetez vos émotions

Regardez les émotions dans le tableau ci-dessous et écrivez ce qu'elles vous donnent envie de faire. Ensuite, pensez à une façon plus saine de répondre à ces émotions.

| Émotion | Qu'est-ce que ça me donne envie de faire ? | Une réponse plus saine |
|---|---|---|
| Colère | Crier ou frapper | Respirez profondément ou parlez à quelqu'un |
| Tristezza | Tristesse | Parlez à quelqu'un ou faites quelque chose que vous aimez |
| Peur | Fuguer ou se cacher | Respirez profondément ou parlez à quelqu'un |
| Bonheur | Rire ou sourire | Profitez du moment présent ou partagez-le avec les autres |
| Frustration | Abandonner ou céder | Faites une pause et réessayez plus tard |
| Jalousie | Soyez méchant ou compétitif | Célébrer le succès des autres et travailler à l'amélioration de soi |

# Étiquetez vos émotions

*Regardez les émotions dans le tableau ci-dessous et écrivez ce qu'elles vous donnent envie de faire. Ensuite, pensez à une façon plus saine de répondre à ces émotions.*

|  |  |  |
|--|--|--|
|  |  |  |
|  |  |  |
|  |  |  |
|  |  |  |
|  |  |  |
|  |  |  |
|  |  |  |

# Gérer les crises de colère

*Effectuez l'exercice suivant pour apprendre à gérer votre crise de colère*

- Notez 3 situations ou événements qui ont déclenché votre crise de colère aujourd'hui

- 1 ...........................................................................
- 2 ...........................................................................
- 3 ...........................................................................

- Quelle est votre stratégie ou votre plan aujourd'hui pour faire face à ces explosions?

..............................................................................
..............................................................................
..............................................................................
..............................................................................
..............................................................................

- Évaluation de mon plan d'adaptation et démonstration de comportements positifs par les parents + ma récompense.

..............................................................................
..............................................................................
..............................................................................

**C'EST SYMPA**  **GÉNIAL**  **MOYENNE**  **BON TRAVAIL**

# T.O.A.P
# FEUILLE DE COLÈRE

**Décrire le problème**
_____
_____
_____
_____
_____
_____

**Qu'est-ce qui me met en colère?
(Liste 3 choses)**

**À quoi ressemble la colère dans mon corps?**

**Que puis-je faire quand je commence à me sentir en colère**

**Quelle meilleure façon d'exprimer ma colère au lieu de crier ou de frapper?**

**Quand je suis calme, que puis-je faire pour éviter de me mettre en colère à l'avenir?**

# Nommer les émotions

*Étiqueter nos émotions nous aide à comprendre ce que nous ressentons et quelles actions et comportements nous avons pris pour nous faire ressentir de cette façon*

● Étiquetez les émotions et réfléchissez à ce qu'elles vous donnent envie de faire

| Dessiner l'émotion | pourquoi ai-je ressenti cela? | Ça me donne envie de |
|---|---|---|
| **Bonheur** | J'ai trouvé mon ami en train de se disputer avec une autre personne, d'échanger des insultes et de crier. Je n'aimais pas ce comportement, alors je suis intervenu. Je suis intervenu. Je suis heureux parce que j'ai résolu le conflit de manière pacifique. | sourire<br>rire<br>tranquille |
|  |  |  |
|  |  |  |
|  |  |  |

# Nommer les émotions

*Étiqueter nos émotions nous aide à comprendre ce que nous ressentons et quelles actions et comportements nous avons pris pour nous faire ressentir de cette façon*

• Étiquetez les émotions et réfléchissez à ce qu'elles vous donnent envie de faire

| Dessiner l'émotion | pourquoi ai-je ressenti cela? | Ça me donne envie de |
|---|---|---|
|  |  |  |
|  |  |  |
|  |  |  |
|  |  |  |
|  |  |  |

# Étiquetez vos émotions

Regardez les émotions dans le tableau ci-dessous et écrivez ce qu'elles vous donnent envie de faire. Ensuite, pensez à une façon plus saine de répondre à ces émotions.

| Émotion | Qu'est-ce que ça me donne envie de faire ? | Une réponse plus saine |
|---|---|---|
| Colère | Crier ou frapper | Respirez profondément ou parlez à quelqu'un |
| Tristezza | Tristesse | Parlez à quelqu'un ou faites quelque chose que vous aimez |
| Peur | Fuguer ou se cacher | Respirez profondément ou parlez à quelqu'un |
| Bonheur | Rire ou sourire | Profitez du moment présent ou partagez-le avec les autres |
| Frustration | Abandonner ou céder | Faites une pause et réessayez plus tard |
| Jalousie | Soyez méchant ou compétitif | Célébrer le succès des autres et travailler à l'amélioration de soi |

# Étiquetez vos émotions

*Regardez les émotions dans le tableau ci-dessous et écrivez ce qu'elles vous donnent envie de faire. Ensuite, pensez à une façon plus saine de répondre à ces émotions.*

|  |  |  |
|---|---|---|
|  |  |  |
|  |  |  |
|  |  |  |
|  |  |  |
|  |  |  |
|  |  |  |
|  |  |  |

# Gérer les crises de colère

*Effectuez l'exercice suivant pour apprendre à gérer votre crise de colère*

- Notez 3 situations ou événements qui ont déclenché votre crise de colère aujourd'hui

- 1 ............................................................................

- 2 ............................................................................

- 3 ............................................................................

- Quelle est votre stratégie ou votre plan aujourd'hui pour faire face à ces explosions?

- Évaluation de mon plan d'adaptation et démonstration de comportements positifs par les parents + ma récompense.

C'EST SYMPA  GÉNIAL  MOYENNE  BON TRAVAIL

# T.O.A.P
## FEUILLE DE COLÈRE

**Décrire le problème**
_____
_____
_____
_____
_____

- Qu'est-ce qui me met en colère? (Liste 3 choses)

- À quoi ressemble la colère dans mon corps?

- Que puis-je faire quand je commence à me sentir en colère

- Quelle meilleure façon d'exprimer ma colère au lieu de crier ou de frapper?

- Quand je suis calme, que puis-je faire pour éviter de me mettre en colère à l'avenir?

# Nommer les émotions

*Étiqueter nos émotions nous aide à comprendre ce que nous ressentons et quelles actions et comportements nous avons pris pour nous faire ressentir de cette façon*

● Étiquetez les émotions et réfléchissez à ce qu'elles vous donnent envie de faire

| Dessiner l'émotion | pourquoi ai-je ressenti cela? | Ça me donne envie de |
|---|---|---|
| **Bonheur** | J'ai trouvé mon ami en train de se disputer avec une autre personne, d'échanger des insultes et de crier. Je n'aimais pas ce comportement, alors je suis intervenu. Je suis intervenu. Je suis heureux parce que j'ai résolu le conflit de manière pacifique. | sourire<br>rire<br>tranquille |
| | | |
| | | |
| | | |
| | | |

# Nommer les émotions

*Étiqueter nos émotions nous aide à comprendre ce que nous ressentons et quelles actions et comportements nous avons pris pour nous faire ressentir de cette façon*

- Étiquetez les émotions et réfléchissez à ce qu'elles vous donnent envie de faire

| Dessiner l'émotion | pourquoi ai-je ressenti cela? | Ça me donne envie de |
|---|---|---|
|  |  |  |
|  |  |  |
|  |  |  |
|  |  |  |
|  |  |  |

# Étiquetez vos émotions

Regardez les émotions dans le tableau ci-dessous et écrivez ce qu'elles vous donnent envie de faire. Ensuite, pensez à une façon plus saine de répondre à ces émotions.

| Émotion | Qu'est-ce que ça me donne envie de faire ? | Une réponse plus saine |
|---|---|---|
| Colère | Crier ou frapper | Respirez profondément ou parlez à quelqu'un |
| Tristezza | Tristesse | Parlez à quelqu'un ou faites quelque chose que vous aimez |
| Peur | Fuguer ou se cacher | Respirez profondément ou parlez à quelqu'un |
| Bonheur | Rire ou sourire | Profitez du moment présent ou partagez-le avec les autres |
| Frustration | Abandonner ou céder | Faites une pause et réessayez plus tard |
| Jalousie | Soyez méchant ou compétitif | Célébrer le succès des autres et travailler à l'amélioration de soi |

# Étiquetez vos émotions

*Regardez les émotions dans le tableau ci-dessous et écrivez ce qu'elles vous donnent envie de faire. Ensuite, pensez à une façon plus saine de répondre à ces émotions.*

|  |  |  |
|---|---|---|
|  |  |  |
|  |  |  |
|  |  |  |
|  |  |  |
|  |  |  |
|  |  |  |
|  |  |  |

# Gérer les crises de colère

*Effectuez l'exercice suivant pour apprendre à gérer votre crise de colère*

- Notez 3 situations ou événements qui ont déclenché votre crise de colère aujourd'hui

  - 1 ........................................................................................

  - 2 ........................................................................................

  - 3 ........................................................................................

- Quelle est votre stratégie ou votre plan aujourd'hui pour faire face à ces explosions?

  ........................................................................................
  ........................................................................................
  ........................................................................................
  ........................................................................................
  ........................................................................................

- Évaluation de mon plan d'adaptation et démonstration de comportements positifs par les parents + ma récompense.

  ........................................................................................
  ........................................................................................
  ........................................................................................

  **C'EST SYMPA**     **GÉNIAL**     **MOYENNE**     **BON TRAVAIL**

# T.O.A.P
# FEUILLE DE COLÈRE

**Décrire le problème**
_____
_____
_____
_____
_____
_____

**Qu'est-ce qui me met en colère?**
(Liste 3 choses)

**À quoi ressemble la colère dans mon corps?**

**Que puis-je faire quand Je commence à me sentir en colère**

**Quelle meilleure façon d'exprimer ma colère au lieu de crier ou de frapper?**

**Quand je suis calme, que puis-je faire pour éviter de me mettre en colère à l'avenir?**

# Nommer les émotions

*Étiqueter nos émotions nous aide à comprendre ce que nous ressentons et quelles actions et comportements nous avons pris pour nous faire ressentir de cette façon*

● Étiquetez les émotions et réfléchissez à ce qu'elles vous donnent envie de faire

| Dessiner l'émotion | pourquoi ai-je ressenti cela? | Ça me donne envie de |
|---|---|---|
| **Bonheur** | J'ai trouvé mon ami en train de se disputer avec une autre personne, d'échanger des insultes et de crier. Je n'aimais pas ce comportement, alors je suis intervenu. Je suis intervenu. Je suis heureux parce que j'ai résolu le conflit de manière pacifique. | sourire<br>rire<br>tranquille |
|  |  |  |
|  |  |  |
|  |  |  |
|  |  |  |

# Nommer les émotions

*Étiqueter nos émotions nous aide à comprendre ce que nous ressentons et quelles actions et comportements nous avons pris pour nous faire ressentir de cette façon*

- Étiquetez les émotions et réfléchissez à ce qu'elles vous donnent envie de faire

| Dessiner l'émotion | pourquoi ai-je ressenti cela? | Ça me donne envie de |
|---|---|---|
|  |  |  |
|  |  |  |
|  |  |  |
|  |  |  |
|  |  |  |

# Étiquetez vos émotions

Regardez les émotions dans le tableau ci-dessous et écrivez ce qu'elles vous donnent envie de faire. Ensuite, pensez à une façon plus saine de répondre à ces émotions.

| Émotion | Qu'est-ce que ça me donne envie de faire ? | Une réponse plus saine |
|---|---|---|
| Colère | Crier ou frapper | Respirez profondément ou parlez à quelqu'un |
| Tristezza | Tristesse | Parlez à quelqu'un ou faites quelque chose que vous aimez |
| Peur | Fuguer ou se cacher | Respirez profondément ou parlez à quelqu'un |
| Bonheur | Rire ou sourire | Profitez du moment présent ou partagez-le avec les autres |
| Frustration | Abandonner ou céder | Faites une pause et réessayez plus tard |
| Jalousie | Soyez méchant ou compétitif | Célébrer le succès des autres et travailler à l'amélioration de soi |

# Étiquetez vos émotions

*Regardez les émotions dans le tableau ci-dessous et écrivez ce qu'elles vous donnent envie de faire. Ensuite, pensez à une façon plus saine de répondre à ces émotions.*

|  |  |  |
|---|---|---|
|  |  |  |
|  |  |  |
|  |  |  |
|  |  |  |
|  |  |  |
|  |  |  |
|  |  |  |

# Gérer les crises de colère

*Effectuez l'exercice suivant pour apprendre à gérer votre crise de colère*

- Notez 3 situations ou événements qui ont déclenché votre crise de colère aujourd'hui

- 1 ......................................................................................
- 2 ......................................................................................
- 3 ......................................................................................

- Quelle est votre stratégie ou votre plan aujourd'hui pour faire face à ces explosions?

..............................................................................................
..............................................................................................
..............................................................................................
..............................................................................................
..............................................................................................

- Évaluation de mon plan d'adaptation et démonstration de comportements positifs par les parents + ma récompense.

..............................................................................................
..............................................................................................
..............................................................................................

**C'EST SYMPA**  **GÉNIAL**  **MOYENNE**  **BON TRAVAIL**

# T.O.A.P
## FEUILLE DE COLÈRE

**Décrire le problème**
_____
_____
_____
_____
_____
_____

**Qu'est-ce qui me met en colère?**
(Liste 3 choses)

**À quoi ressemble la colère dans mon corps?**

**Que puis-je faire quand je commence à me sentir en colère**

**Quelle meilleure façon d'exprimer ma colère au lieu de crier ou de frapper?**

**Quand je suis calme, que puis-je faire pour éviter de me mettre en colère à l'avenir?**

# Nommer les émotions

*Étiqueter nos émotions nous aide à comprendre ce que nous ressentons et quelles actions et comportements nous avons pris pour nous faire ressentir de cette façon*

• Étiquetez les émotions et réfléchissez à ce qu'elles vous donnent envie de faire

| Dessiner l'émotion | pourquoi ai-je ressenti cela? | Ça me donne envie de |
|---|---|---|
| **Bonheur** | J'ai trouvé mon ami en train de se disputer avec une autre personne, d'échanger des insultes et de crier. Je n'aimais pas ce comportement, alors je suis intervenu. Je suis intervenu. Je suis heureux parce que j'ai résolu le conflit de manière pacifique. | sourire<br>rire<br>tranquille |
|  |  |  |
|  |  |  |
|  |  |  |
|  |  |  |

# Nommer les émotions

*Étiqueter nos émotions nous aide à comprendre ce que nous ressentons et quelles actions et comportements nous avons pris pour nous faire ressentir de cette façon*

- Étiquetez les émotions et réfléchissez à ce qu'elles vous donnent envie de faire

| Dessiner l'émotion | pourquoi ai-je ressenti cela? | Ça me donne envie de |
|---|---|---|
|  |  |  |
|  |  |  |
|  |  |  |
|  |  |  |
|  |  |  |

# Étiquetez vos émotions

Regardez les émotions dans le tableau ci-dessous et écrivez ce qu'elles vous donnent envie de faire. Ensuite, pensez à une façon plus saine de répondre à ces émotions.

| Émotion | Qu'est-ce que ça me donne envie de faire ? | Une réponse plus saine |
|---|---|---|
| Colère | Crier ou frapper | Respirez profondément ou parlez à quelqu'un |
| Tristezza | Tristesse | Parlez à quelqu'un ou faites quelque chose que vous aimez |
| Peur | Fuguer ou se cacher | Respirez profondément ou parlez à quelqu'un |
| Bonheur | Rire ou sourire | Profitez du moment présent ou partagez-le avec les autres |
| Frustration | Abandonner ou céder | Faites une pause et réessayez plus tard |
| Jalousie | Soyez méchant ou compétitif | Célébrer le succès des autres et travailler à l'amélioration de soi |

# Étiquetez vos émotions

*Regardez les émotions dans le tableau ci-dessous et écrivez ce qu'elles vous donnent envie de faire. Ensuite, pensez à une façon plus saine de répondre à ces émotions.*

|  |  |  |
|---|---|---|
|  |  |  |
|  |  |  |
|  |  |  |
|  |  |  |
|  |  |  |
|  |  |  |
|  |  |  |

# Gérer les crises de colère

*Effectuez l'exercice suivant pour apprendre à gérer votre crise de colère*

- Notez 3 situations ou événements qui ont déclenché votre crise de colère aujourd'hui

- 1 ........................................................................................
- 2 ........................................................................................
- 3 ........................................................................................

- Quelle est votre stratégie ou votre plan aujourd'hui pour faire face à ces explosions?

........................................................................................
........................................................................................
........................................................................................
........................................................................................
........................................................................................

- Évaluation de mon plan d'adaptation et démonstration de comportements positifs par les parents + ma récompense.

........................................................................................
........................................................................................
........................................................................................

**C'EST SYMPA**     **GÉNIAL**     **MOYENNE**     **BON TRAVAIL**

# T.O.A.P
# FEUILLE DE COLÈRE

Décrire le problème
_____
_____
_____
_____
_____
_____

**Qu'est-ce qui me met en colère?**
(Liste 3 choses)

**À quoi ressemble la colère dans mon corps?**

**Que puis-je faire quand je commence à me sentir en colère**

**Quelle meilleure façon d'exprimer ma colère au lieu de crier ou de frapper?**

**Quand je suis calme, que puis-je faire pour éviter de me mettre en colère à l'avenir?**

# Nommer les émotions

*Étiqueter nos émotions nous aide à comprendre ce que nous ressentons et quelles actions et comportements nous avons pris pour nous faire ressentir de cette façon*

● Étiquetez les émotions et réfléchissez à ce qu'elles vous donnent envie de faire

| Dessiner l'émotion | pourquoi ai-je ressenti cela? | Ça me donne envie de |
|---|---|---|
| 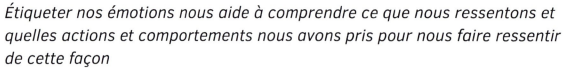  **Bonheur** | J'ai trouvé mon ami en train de se disputer avec une autre personne, d'échanger des insultes et de crier. Je n'aimais pas ce comportement, alors je suis intervenu. Je suis intervenu. Je suis heureux parce que j'ai résolu le conflit de manière pacifique. | sourire<br>rire<br>tranquille |
|  |  |  |
|  |  |  |
|  |  |  |
|  |  |  |

# Nommer les émotions

*Étiqueter nos émotions nous aide à comprendre ce que nous ressentons et quelles actions et comportements nous avons pris pour nous faire ressentir de cette façon*

- Étiquetez les émotions et réfléchissez à ce qu'elles vous donnent envie de faire

| Dessiner l'émotion | pourquoi ai-je ressenti cela? | Ça me donne envie de |
|---|---|---|
|  |  |  |
|  |  |  |
|  |  |  |
|  |  |  |
|  |  |  |

# Étiquetez vos émotions

Regardez les émotions dans le tableau ci-dessous et écrivez ce qu'elles vous donnent envie de faire. Ensuite, pensez à une façon plus saine de répondre à ces émotions.

| Émotion | Qu'est-ce que ça me donne envie de faire ? | Une réponse plus saine |
|---|---|---|
| Colère | Crier ou frapper | Respirez profondément ou parlez à quelqu'un |
| Tristezza | Tristesse | Parlez à quelqu'un ou faites quelque chose que vous aimez |
| Peur | Fuguer ou se cacher | Respirez profondément ou parlez à quelqu'un |
| Bonheur | Rire ou sourire | Profitez du moment présent ou partagez-le avec les autres |
| Frustration | Abandonner ou céder | Faites une pause et réessayez plus tard |
| Jalousie | Soyez méchant ou compétitif | Célébrer le succès des autres et travailler à l'amélioration de soi |

# Étiquetez vos émotions

*Regardez les émotions dans le tableau ci-dessous et écrivez ce qu'elles vous donnent envie de faire. Ensuite, pensez à une façon plus saine de répondre à ces émotions.*

|   |   |   |
|---|---|---|
|   |   |   |
|   |   |   |
|   |   |   |
|   |   |   |
|   |   |   |
|   |   |   |
|   |   |   |

# Gérer les crises de colère

*Effectuez l'exercice suivant pour apprendre à gérer votre crise de colère*

- Notez 3 situations ou événements qui ont déclenché votre crise de colère aujourd'hui

  - 1 ...........................................................................
  - 2 ...........................................................................
  - 3 ...........................................................................

- Quelle est votre stratégie ou votre plan aujourd'hui pour faire face à ces explosions?

  ...........................................................................
  ...........................................................................
  ...........................................................................
  ...........................................................................
  ...........................................................................

- Évaluation de mon plan d'adaptation et démonstration de comportements positifs par les parents + ma récompense.

  ...........................................................................
  ...........................................................................
  ...........................................................................

  **C'EST SYMPA**   **GÉNIAL**   **MOYENNE**   **BON TRAVAIL**

# T.O.A.P
## FEUILLE DE COLÈRE

**Décrire le problème**
_____
_____
_____
_____
_____
_____

- Qu'est-ce qui me met en colère? (Liste 3 choses)

- À quoi ressemble la colère dans mon corps?

- Que puis-je faire quand je commence à me sentir en colère

- Quelle meilleure façon d'exprimer ma colère au lieu de crier ou de frapper?

- Quand je suis calme, que puis-je faire pour éviter de me mettre en colère à l'avenir?

# Nommer les émotions

*Étiqueter nos émotions nous aide à comprendre ce que nous ressentons et quelles actions et comportements nous avons pris pour nous faire ressentir de cette façon*

- Étiquetez les émotions et réfléchissez à ce qu'elles vous donnent envie de faire

| Dessiner l'émotion | pourquoi ai-je ressenti cela? | Ça me donne envie de |
|---|---|---|
| **Bonheur** | J'ai trouvé mon ami en train de se disputer avec une autre personne, d'échanger des insultes et de crier. Je n'aimais pas ce comportement, alors je suis intervenu. Je suis intervenu. Je suis heureux parce que j'ai résolu le conflit de manière pacifique. | sourire<br>rire<br>tranquille |
|  |  |  |
|  |  |  |
|  |  |  |
|  |  |  |

# Nommer les émotions

*Étiqueter nos émotions nous aide à comprendre ce que nous ressentons et quelles actions et comportements nous avons pris pour nous faire ressentir de cette façon*

- Étiquetez les émotions et réfléchissez à ce qu'elles vous donnent envie de faire

| Dessiner l'émotion | pourquoi ai-je ressenti cela? | Ça me donne envie de |
|---|---|---|
|  |  |  |
|  |  |  |
|  |  |  |
|  |  |  |
|  |  |  |

# Étiquetez vos émotions

Regardez les émotions dans le tableau ci-dessous et écrivez ce qu'elles vous donnent envie de faire. Ensuite, pensez à une façon plus saine de répondre à ces émotions.

| Émotion | Qu'est-ce que ça me donne envie de faire ? | Une réponse plus saine |
|---|---|---|
| Colère | Crier ou frapper | Respirez profondément ou parlez à quelqu'un |
| Tristezza | Tristesse | Parlez à quelqu'un ou faites quelque chose que vous aimez |
| Peur | Fuguer ou se cacher | Respirez profondément ou parlez à quelqu'un |
| Bonheur | Rire ou sourire | Profitez du moment présent ou partagez-le avec les autres |
| Frustration | Abandonner ou céder | Faites une pause et réessayez plus tard |
| Jalousie | Soyez méchant ou compétitif | Célébrer le succès des autres et travailler à l'amélioration de soi |

# Étiquetez vos émotions

*Regardez les émotions dans le tableau ci-dessous et écrivez ce qu'elles vous donnent envie de faire. Ensuite, pensez à une façon plus saine de répondre à ces émotions.*

|  |  |  |
|---|---|---|
|  |  |  |
|  |  |  |
|  |  |  |
|  |  |  |
|  |  |  |
|  |  |  |
|  |  |  |

# Gérer les crises de colère

*Effectuez l'exercice suivant pour apprendre à gérer votre crise de colère*

- Notez 3 situations ou événements qui ont déclenché votre crise de colère aujourd'hui

    1. ............................................................
    2. ............................................................
    3. ............................................................

- Quelle est votre stratégie ou votre plan aujourd'hui pour faire face à ces explosions?

    ............................................................
    ............................................................
    ............................................................
    ............................................................
    ............................................................

- Évaluation de mon plan d'adaptation et démonstration de comportements positifs par les parents + ma récompense.

    ............................................................
    ............................................................
    ............................................................

    C'EST SYMPA     GÉNIAL     MOYENNE     BON TRAVAIL

# T.O.A.P
## FEUILLE DE COLÈRE

**Décrire le problème**
_____
_____
_____
_____
_____
_____
_____

**Qu'est-ce qui me met en colère?**
(Liste 3 choses)

**À quoi ressemble la colère dans mon corps?**

**Que puis-je faire quand je commence à me sentir en colère**

**Quelle meilleure façon d'exprimer ma colère au lieu de crier ou de frapper?**

**Quand je suis calme, que puis-je faire pour éviter de me mettre en colère à l'avenir?**

# Nommer les émotions

*Étiqueter nos émotions nous aide à comprendre ce que nous ressentons et quelles actions et comportements nous avons pris pour nous faire ressentir de cette façon*

- Étiquetez les émotions et réfléchissez à ce qu'elles vous donnent envie de faire

| Dessiner l'émotion | pourquoi ai-je ressenti cela? | Ça me donne envie de |
|---|---|---|
| **Bonheur** | J'ai trouvé mon ami en train de se disputer avec une autre personne, d'échanger des insultes et de crier. Je n'aimais pas ce comportement, alors je suis intervenu. Je suis intervenu. Je suis heureux parce que j'ai résolu le conflit de manière pacifique. | sourire<br>rire<br>tranquille |
|  |  |  |
|  |  |  |
|  |  |  |

# Nommer les émotions

*Étiqueter nos émotions nous aide à comprendre ce que nous ressentons et quelles actions et comportements nous avons pris pour nous faire ressentir de cette façon*

- Étiquetez les émotions et réfléchissez à ce qu'elles vous donnent envie de faire

| Dessiner l'émotion | pourquoi ai-je ressenti cela? | Ça me donne envie de |
|---|---|---|
|  |  |  |
|  |  |  |
|  |  |  |
|  |  |  |
|  |  |  |

# Étiquetez vos émotions

Regardez les émotions dans le tableau ci-dessous et écrivez ce qu'elles vous donnent envie de faire. Ensuite, pensez à une façon plus saine de répondre à ces émotions.

| Émotion | Qu'est-ce que ça me donne envie de faire ? | Une réponse plus saine |
|---|---|---|
| Colère | Crier ou frapper | Respirez profondément ou parlez à quelqu'un |
| Tristezza | Tristesse | Parlez à quelqu'un ou faites quelque chose que vous aimez |
| Peur | Fuguer ou se cacher | Respirez profondément ou parlez à quelqu'un |
| Bonheur | Rire ou sourire | Profitez du moment présent ou partagez-le avec les autres |
| Frustration | Abandonner ou céder | Faites une pause et réessayez plus tard |
| Jalousie | Soyez méchant ou compétitif | Célébrer le succès des autres et travailler à l'amélioration de soi |

# Étiquetez vos émotions

*Regardez les émotions dans le tableau ci-dessous et écrivez ce qu'elles vous donnent envie de faire. Ensuite, pensez à une façon plus saine de répondre à ces émotions.*

|  |  |  |
|---|---|---|
|  |  |  |
|  |  |  |
|  |  |  |
|  |  |  |
|  |  |  |
|  |  |  |
|  |  |  |

# Gérer les crises de colère

*Effectuez l'exercice suivant pour apprendre à gérer votre crise de colère*

- Notez 3 situations ou événements qui ont déclenché votre crise de colère aujourd'hui

  - 1 ................................................................
  - 2 ................................................................
  - 3 ................................................................

- Quelle est votre stratégie ou votre plan aujourd'hui pour faire face à ces explosions?

- Évaluation de mon plan d'adaptation et démonstration de comportements positifs par les parents + ma récompense.

  C'EST SYMPA    GÉNIAL    MOYENNE    BON TRAVAIL

# T.O.A.P
## FEUILLE DE COLÈRE

**Décrire le problème**
_____
_____
_____
_____
_____

**Qu'est-ce qui me met en colère?**
(Liste 3 choses)

**À quoi ressemble la colère dans mon corps?**

**Que puis-je faire quand je commence à me sentir en colère**

**Quelle meilleure façon d'exprimer ma colère au lieu de crier ou de frapper?**

**Quand je suis calme, que puis-je faire pour éviter de me mettre en colère à l'avenir?**

# Nommer les émotions

*Étiqueter nos émotions nous aide à comprendre ce que nous ressentons et quelles actions et comportements nous avons pris pour nous faire ressentir de cette façon*

● Étiquetez les émotions et réfléchissez à ce qu'elles vous donnent envie de faire

| Dessiner l'émotion | pourquoi ai-je ressenti cela? | Ça me donne envie de |
|---|---|---|
| *Bonheur* | J'ai trouvé mon ami en train de se disputer avec une autre personne, d'échanger des insultes et de crier. Je n'aimais pas ce comportement, alors je suis intervenu. Je suis intervenu. Je suis heureux parce que j'ai résolu le conflit de manière pacifique. | sourire<br>rire<br>tranquille |
|  |  |  |
|  |  |  |
|  |  |  |
|  |  |  |

# Nommer les émotions

*Étiqueter nos émotions nous aide à comprendre ce que nous ressentons et quelles actions et comportements nous avons pris pour nous faire ressentir de cette façon*

● Étiquetez les émotions et réfléchissez à ce qu'elles vous donnent envie de faire

| Dessiner l'émotion | pourquoi ai-je ressenti cela? | Ça me donne envie de |
|---|---|---|
|  |  |  |
|  |  |  |
|  |  |  |
|  |  |  |
|  |  |  |

# Étiquetez vos émotions

Regardez les émotions dans le tableau ci-dessous et écrivez ce qu'elles vous donnent envie de faire. Ensuite, pensez à une façon plus saine de répondre à ces émotions.

| Émotion | Qu'est-ce que ça me donne envie de faire ? | Une réponse plus saine |
|---|---|---|
| Colère | Crier ou frapper | Respirez profondément ou parlez à quelqu'un |
| Tristezza | Tristesse | Parlez à quelqu'un ou faites quelque chose que vous aimez |
| Peur | Fuguer ou se cacher | Respirez profondément ou parlez à quelqu'un |
| Bonheur | Rire ou sourire | Profitez du moment présent ou partagez-le avec les autres |
| Frustration | Abandonner ou céder | Faites une pause et réessayez plus tard |
| Jalousie | Soyez méchant ou compétitif | Célébrer le succès des autres et travailler à l'amélioration de soi |

# Étiquetez vos émotions

*Regardez les émotions dans le tableau ci-dessous et écrivez ce qu'elles vous donnent envie de faire. Ensuite, pensez à une façon plus saine de répondre à ces émotions.*

|  |  |  |
|--|--|--|
|  |  |  |
|  |  |  |
|  |  |  |
|  |  |  |
|  |  |  |
|  |  |  |
|  |  |  |

# Gérer les crises de colère

*Effectuez l'exercice suivant pour apprendre à gérer votre crise de colère*

- Notez 3 situations ou événements qui ont déclenché votre crise de colère aujourd'hui

- 1 ................................................................
- 2 ................................................................
- 3 ................................................................

- Quelle est votre stratégie ou votre plan aujourd'hui pour faire face à ces explosions?

- Évaluation de mon plan d'adaptation et démonstration de comportements positifs par les parents + ma récompense.

C'EST SYMPA   GÉNIAL   MOYENNE   BON TRAVAIL

# T.O.A.P
# FEUILLE DE COLÈRE

**Décrire le problème**
_____
_____
_____
_____
_____
_____

**Qu'est-ce qui me met en colère?**
(Liste 3 choses)

**À quoi ressemble la colère dans mon corps?**

**Que puis-je faire quand je commence à me sentir en colère**

**Quelle meilleure façon d'exprimer ma colère au lieu de crier ou de frapper?**

**Quand je suis calme, que puis-je faire pour éviter de me mettre en colère à l'avenir?**

# Nommer les émotions

*Étiqueter nos émotions nous aide à comprendre ce que nous ressentons et quelles actions et comportements nous avons pris pour nous faire ressentir de cette façon*

● Étiquetez les émotions et réfléchissez à ce qu'elles vous donnent envie de faire

| Dessiner l'émotion | pourquoi ai-je ressenti cela? | Ça me donne envie de |
|---|---|---|
| 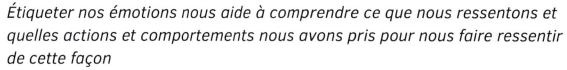 **Bonheur** | J'ai trouvé mon ami en train de se disputer avec une autre personne, d'échanger des insultes et de crier. Je n'aimais pas ce comportement, alors je suis intervenu. Je suis intervenu. Je suis heureux parce que j'ai résolu le conflit de manière pacifique. | sourire<br>rire<br>tranquille |
| | | |
| | | |
| | | |
| | | |

# Nommer les émotions

*Étiqueter nos émotions nous aide à comprendre ce que nous ressentons et quelles actions et comportements nous avons pris pour nous faire ressentir de cette façon*

- Étiquetez les émotions et réfléchissez à ce qu'elles vous donnent envie de faire

| Dessiner l'émotion | pourquoi ai-je ressenti cela? | Ça me donne envie de |
|---|---|---|
|  |  |  |
|  |  |  |
|  |  |  |
|  |  |  |
|  |  |  |

# Étiquetez vos émotions

Regardez les émotions dans le tableau ci-dessous et écrivez ce qu'elles vous donnent envie de faire. Ensuite, pensez à une façon plus saine de répondre à ces émotions.

| Émotion | Qu'est-ce que ça me donne envie de faire ? | Une réponse plus saine |
|---|---|---|
| Colère | Crier ou frapper | Respirez profondément ou parlez à quelqu'un |
| Tristezza | Tristesse | Parlez à quelqu'un ou faites quelque chose que vous aimez |
| Peur | Fuguer ou se cacher | Respirez profondément ou parlez à quelqu'un |
| Bonheur | Rire ou sourire | Profitez du moment présent ou partagez-le avec les autres |
| Frustration | Abandonner ou céder | Faites une pause et réessayez plus tard |
| Jalousie | Soyez méchant ou compétitif | Célébrer le succès des autres et travailler à l'amélioration de soi |

# Étiquetez vos émotions

*Regardez les émotions dans le tableau ci-dessous et écrivez ce qu'elles vous donnent envie de faire. Ensuite, pensez à une façon plus saine de répondre à ces émotions.*

|  |  |  |
|---|---|---|
|  |  |  |
|  |  |  |
|  |  |  |
|  |  |  |
|  |  |  |
|  |  |  |
|  |  |  |

# Gérer les crises de colère

*Effectuez l'exercice suivant pour apprendre à gérer votre crise de colère*

- Notez 3 situations ou événements qui ont déclenché votre crise de colère aujourd'hui

  - 1 ........................................................................
  - 2 ........................................................................
  - 3 ........................................................................

- Quelle est votre stratégie ou votre plan aujourd'hui pour faire face à ces explosions?

  ................................................................................
  ................................................................................
  ................................................................................
  ................................................................................
  ................................................................................

- Évaluation de mon plan d'adaptation et démonstration de comportements positifs par les parents + ma récompense.

  ................................................................................
  ................................................................................
  ................................................................................

  **C'EST SYMPA**   **GÉNIAL**   **MOYENNE**   **BON TRAVAIL**

# T.O.A.P
# FEUILLE DE COLÈRE

**Décrire le problème**
_____
_____
_____
_____
_____

**Qu'est-ce qui me met en colère?
(Liste 3 choses)**

**À quoi ressemble la colère dans mon corps?**

**Que puis-je faire quand Je commence à me sentir en colère**

**Quelle meilleure façon d'exprimer ma colère au lieu de crier ou de frapper?**

**Quand je suis calme, que puis-je faire pour éviter de me mettre en colère à l'avenir?**

# Nommer les émotions

*Étiqueter nos émotions nous aide à comprendre ce que nous ressentons et quelles actions et comportements nous avons pris pour nous faire ressentir de cette façon*

● Étiquetez les émotions et réfléchissez à ce qu'elles vous donnent envie de faire

| Dessiner l'émotion | pourquoi ai-je ressenti cela? | Ça me donne envie de |
|---|---|---|
| Bonheur | J'ai trouvé mon ami en train de se disputer avec une autre personne, d'échanger des insultes et de crier. Je n'aimais pas ce comportement, alors je suis intervenu. Je suis intervenu. Je suis heureux parce que j'ai résolu le conflit de manière pacifique. | sourire<br>rire<br>tranquille |
|  |  |  |
|  |  |  |
|  |  |  |
|  |  |  |

# Nommer les émotions

*Étiqueter nos émotions nous aide à comprendre ce que nous ressentons et quelles actions et comportements nous avons pris pour nous faire ressentir de cette façon*

- Étiquetez les émotions et réfléchissez à ce qu'elles vous donnent envie de faire

| Dessiner l'émotion | pourquoi ai-je ressenti cela? | Ça me donne envie de |
|---|---|---|
|  |  |  |
|  |  |  |
|  |  |  |
|  |  |  |
|  |  |  |

# Étiquetez vos émotions

Regardez les émotions dans le tableau ci-dessous et écrivez ce qu'elles vous donnent envie de faire. Ensuite, pensez à une façon plus saine de répondre à ces émotions.

| Émotion | Qu'est-ce que ça me donne envie de faire ? | Une réponse plus saine |
|---|---|---|
| Colère | Crier ou frapper | Respirez profondément ou parlez à quelqu'un |
| Tristezza | Tristesse | Parlez à quelqu'un ou faites quelque chose que vous aimez |
| Peur | Fuguer ou se cacher | Respirez profondément ou parlez à quelqu'un |
| Bonheur | Rire ou sourire | Profitez du moment présent ou partagez-le avec les autres |
| Frustration | Abandonner ou céder | Faites une pause et réessayez plus tard |
| Jalousie | Soyez méchant ou compétitif | Célébrer le succès des autres et travailler à l'amélioration de soi |

# Étiquetez vos émotions

*Regardez les émotions dans le tableau ci-dessous et écrivez ce qu'elles vous donnent envie de faire. Ensuite, pensez à une façon plus saine de répondre à ces émotions.*

|  |  |  |
|---|---|---|
|  |  |  |
|  |  |  |
|  |  |  |
|  |  |  |
|  |  |  |
|  |  |  |
|  |  |  |

# Gérer les crises de colère

*Effectuez l'exercice suivant pour apprendre à gérer votre crise de colère*

- Notez 3 situations ou événements qui ont déclenché votre crise de colère aujourd'hui

  - 1 ...................................................................
  - 2 ...................................................................
  - 3 ...................................................................

- Quelle est votre stratégie ou votre plan aujourd'hui pour faire face à ces explosions?

  ...................................................................
  ...................................................................
  ...................................................................
  ...................................................................
  ...................................................................

- Évaluation de mon plan d'adaptation et démonstration de comportements positifs par les parents + ma récompense.

  ...................................................................
  ...................................................................
  ...................................................................

  **C'EST SYMPA**   **GÉNIAL**   **MOYENNE**   **BON TRAVAIL**

# T.O.A.P
## FEUILLE DE COLÈRE

**Décrire le problème**
_____
_____
_____
_____
_____
_____

**Qu'est-ce qui me met en colère?**
(Liste 3 choses)

**À quoi ressemble la colère dans mon corps?**

**Que puis-je faire quand je commence à me sentir en colère**

**Quelle meilleure façon d'exprimer ma colère au lieu de crier ou de frapper?**

**Quand je suis calme, que puis-je faire pour éviter de me mettre en colère à l'avenir?**

# Nommer les émotions

*Étiqueter nos émotions nous aide à comprendre ce que nous ressentons et quelles actions et comportements nous avons pris pour nous faire ressentir de cette façon*

● Étiquetez les émotions et réfléchissez à ce qu'elles vous donnent envie de faire

| Dessiner l'émotion | pourquoi ai-je ressenti cela? | Ça me donne envie de |
|---|---|---|
| *Bonheur* | J'ai trouvé mon ami en train de se disputer avec une autre personne, d'échanger des insultes et de crier. Je n'aimais pas ce comportement, alors je suis intervenu. Je suis intervenu. Je suis heureux parce que j'ai résolu le conflit de manière pacifique. | sourire<br>rire<br>tranquille |
|  |  |  |
|  |  |  |
|  |  |  |
|  |  |  |

# Nommer les émotions

*Étiqueter nos émotions nous aide à comprendre ce que nous ressentons et quelles actions et comportements nous avons pris pour nous faire ressentir de cette façon*

- Étiquetez les émotions et réfléchissez à ce qu'elles vous donnent envie de faire

| Dessiner l'émotion | pourquoi ai-je ressenti cela? | Ça me donne envie de |
|---|---|---|
|  |  |  |
|  |  |  |
|  |  |  |
|  |  |  |
|  |  |  |

# Étiquetez vos émotions

*Regardez les émotions dans le tableau ci-dessous et écrivez ce qu'elles vous donnent envie de faire. Ensuite, pensez à une façon plus saine de répondre à ces émotions.*

| Émotion | Qu'est-ce que ça me donne envie de faire ? | Une réponse plus saine |
|---|---|---|
| Colère | Crier ou frapper | Respirez profondément ou parlez à quelqu'un |
| Tristezza | Tristesse | Parlez à quelqu'un ou faites quelque chose que vous aimez |
| Peur | Fuguer ou se cacher | Respirez profondément ou parlez à quelqu'un |
| Bonheur | Rire ou sourire | Profitez du moment présent ou partagez-le avec les autres |
| Frustration | Abandonner ou céder | Faites une pause et réessayez plus tard |
| Jalousie | Soyez méchant ou compétitif | Célébrer le succès des autres et travailler à l'amélioration de soi |

# Étiquetez vos émotions

*Regardez les émotions dans le tableau ci-dessous et écrivez ce qu'elles vous donnent envie de faire. Ensuite, pensez à une façon plus saine de répondre à ces émotions.*

|  |  |  |
|---|---|---|
|  |  |  |
|  |  |  |
|  |  |  |
|  |  |  |
|  |  |  |
|  |  |  |
|  |  |  |

# Gérer les crises de colère

*Effectuez l'exercice suivant pour apprendre à gérer votre crise de colère*

- Notez 3 situations ou événements qui ont déclenché votre crise de colère aujourd'hui

- 1 ...................................................................................
- 2 ...................................................................................
- 3 ...................................................................................

- Quelle est votre stratégie ou votre plan aujourd'hui pour faire face à ces explosions?

...................................................................................
...................................................................................
...................................................................................
...................................................................................
...................................................................................

- Évaluation de mon plan d'adaptation et démonstration de comportements positifs par les parents + ma récompense.

...................................................................................
...................................................................................
...................................................................................

**C'EST SYMPA**   **GÉNIAL**   **MOYENNE**   **BON TRAVAIL**

# T.O.A.P
## FEUILLE DE COLÈRE

**Décrire le problème**
_____
_____
_____
_____
_____
_____

Qu'est-ce qui me met en colère? (Liste 3 choses)

À quoi ressemble la colère dans mon corps?

Que puis-je faire quand Je commence à me sentir en colère

Quelle meilleure façon d'exprimer ma colère au lieu de crier ou de frapper?

Quand je suis calme, que puis-je faire pour éviter de me mettre en colère à l'avenir?

# Nommer les émotions

*Étiqueter nos émotions nous aide à comprendre ce que nous ressentons et quelles actions et comportements nous avons pris pour nous faire ressentir de cette façon*

● Étiquetez les émotions et réfléchissez à ce qu'elles vous donnent envie de faire

| Dessiner l'émotion | pourquoi ai-je ressenti cela? | Ça me donne envie de |
|---|---|---|
| **Bonheur** | J'ai trouvé mon ami en train de se disputer avec une autre personne, d'échanger des insultes et de crier. Je n'aimais pas ce comportement, alors je suis intervenu. Je suis intervenu. Je suis heureux parce que j'ai résolu le conflit de manière pacifique. | sourire<br>rire<br>tranquille |
|  |  |  |
|  |  |  |
|  |  |  |
|  |  |  |

# Nommer les émotions

*Étiqueter nos émotions nous aide à comprendre ce que nous ressentons et quelles actions et comportements nous avons pris pour nous faire ressentir de cette façon*

- Étiquetez les émotions et réfléchissez à ce qu'elles vous donnent envie de faire

| Dessiner l'émotion | pourquoi ai-je ressenti cela? | Ça me donne envie de |
|---|---|---|
|  |  |  |
|  |  |  |
|  |  |  |
|  |  |  |
|  |  |  |

# Étiquetez vos émotions

Regardez les émotions dans le tableau ci-dessous et écrivez ce qu'elles vous donnent envie de faire. Ensuite, pensez à une façon plus saine de répondre à ces émotions.

| Émotion | Qu'est-ce que ça me donne envie de faire ? | Une réponse plus saine |
|---|---|---|
| Colère | Crier ou frapper | Respirez profondément ou parlez à quelqu'un |
| Tristezza | Tristesse | Parlez à quelqu'un ou faites quelque chose que vous aimez |
| Peur | Fuguer ou se cacher | Respirez profondément ou parlez à quelqu'un |
| Bonheur | Rire ou sourire | Profitez du moment présent ou partagez-le avec les autres |
| Frustration | Abandonner ou céder | Faites une pause et réessayez plus tard |
| Jalousie | Soyez méchant ou compétitif | Célébrer le succès des autres et travailler à l'amélioration de soi |

# Étiquetez vos émotions

*Regardez les émotions dans le tableau ci-dessous et écrivez ce qu'elles vous donnent envie de faire. Ensuite, pensez à une façon plus saine de répondre à ces émotions.*

|  |  |  |
|--|--|--|
|  |  |  |
|  |  |  |
|  |  |  |
|  |  |  |
|  |  |  |
|  |  |  |
|  |  |  |

# Gérer les crises de colère

*Effectuez l'exercice suivant pour apprendre à gérer votre crise de colère*

- Notez 3 situations ou événements qui ont déclenché votre crise de colère aujourd'hui

  - 1 ...........................................................
  - 2 ...........................................................
  - 3 ...........................................................

- Quelle est votre stratégie ou votre plan aujourd'hui pour faire face à ces explosions?

- Évaluation de mon plan d'adaptation et démonstration de comportements positifs par les parents + ma récompense.

C'EST SYMPA   GÉNIAL   MOYENNE   BON TRAVAIL

# T.O.A.P
# FEUILLE DE COLÈRE

**Décrire le problème**
_____
_____
_____
_____
_____
_____

**Qu'est-ce qui me met en colère? (Liste 3 choses)**

**À quoi ressemble la colère dans mon corps?**

**Que puis-je faire quand Je commence à me sentir en colère**

**Quelle meilleure façon d'exprimer ma colère au lieu de crier ou de frapper?**

**Quand je suis calme, que puis-je faire pour éviter de me mettre en colère à l'avenir?**

# Nommer les émotions

*Étiqueter nos émotions nous aide à comprendre ce que nous ressentons et quelles actions et comportements nous avons pris pour nous faire ressentir de cette façon*

• Étiquetez les émotions et réfléchissez à ce qu'elles vous donnent envie de faire

| Dessiner l'émotion | pourquoi ai-je ressenti cela? | Ça me donne envie de |
|---|---|---|
| **Bonheur** | J'ai trouvé mon ami en train de se disputer avec une autre personne, d'échanger des insultes et de crier. Je n'aimais pas ce comportement, alors je suis intervenu. Je suis intervenu. Je suis heureux parce que j'ai résolu le conflit de manière pacifique. | sourire<br>rire<br>tranquille |
|  |  |  |
|  |  |  |
|  |  |  |
|  |  |  |

# Nommer les émotions

*Étiqueter nos émotions nous aide à comprendre ce que nous ressentons et quelles actions et comportements nous avons pris pour nous faire ressentir de cette façon*

● Étiquetez les émotions et réfléchissez à ce qu'elles vous donnent envie de faire

| Dessiner l'émotion | pourquoi ai-je ressenti cela? | Ça me donne envie de |
|---|---|---|
|  |  |  |
|  |  |  |
|  |  |  |
|  |  |  |
|  |  |  |

# Étiquetez vos émotions

*Regardez les émotions dans le tableau ci-dessous et écrivez ce qu'elles vous donnent envie de faire. Ensuite, pensez à une façon plus saine de répondre à ces émotions.*

| Émotion | Qu'est-ce que ça me donne envie de faire ? | Une réponse plus saine |
|---|---|---|
| Colère | Crier ou frapper | Respirez profondément ou parlez à quelqu'un |
| Tristezza | Tristesse | Parlez à quelqu'un ou faites quelque chose que vous aimez |
| Peur | Fuguer ou se cacher | Respirez profondément ou parlez à quelqu'un |
| Bonheur | Rire ou sourire | Profitez du moment présent ou partagez-le avec les autres |
| Frustration | Abandonner ou céder | Faites une pause et réessayez plus tard |
| Jalousie | Soyez méchant ou compétitif | Célébrer le succès des autres et travailler à l'amélioration de soi |

# Étiquetez vos émotions

*Regardez les émotions dans le tableau ci-dessous et écrivez ce qu'elles vous donnent envie de faire. Ensuite, pensez à une façon plus saine de répondre à ces émotions.*

|  |  |  |
|---|---|---|
|  |  |  |
|  |  |  |
|  |  |  |
|  |  |  |
|  |  |  |
|  |  |  |
|  |  |  |

# Gérer les crises de colère

*Effectuez l'exercice suivant pour apprendre à gérer votre crise de colère*

- Notez 3 situations ou événements qui ont déclenché votre crise de colère aujourd'hui

  - 1 ............................................................................
  - 2 ............................................................................
  - 3 ............................................................................

- Quelle est votre stratégie ou votre plan aujourd'hui pour faire face à ces explosions?

  ...........................................................................................
  ...........................................................................................
  ...........................................................................................
  ...........................................................................................
  ...........................................................................................

- Évaluation de mon plan d'adaptation et démonstration de comportements positifs par les parents + ma récompense.

  ...........................................................................................
  ...........................................................................................
  ...........................................................................................

  **C'EST SYMPA**  **GÉNIAL**  **MOYENNE**  **BON TRAVAIL**

# T.O.A.P
# FEUILLE DE COLÈRE

**Décrire le problème**
_____
_____
_____
_____
_____
_____

**Qu'est-ce qui me met en colère?**
(Liste 3 choses)

**À quoi ressemble la colère dans mon corps?**

**Que puis-je faire quand je commence à me sentir en colère**

**Quelle meilleure façon d'exprimer ma colère au lieu de crier ou de frapper?**

**Quand je suis calme, que puis-je faire pour éviter de me mettre en colère à l'avenir?**

# Nommer les émotions

*Étiqueter nos émotions nous aide à comprendre ce que nous ressentons et quelles actions et comportements nous avons pris pour nous faire ressentir de cette façon*

● Étiquetez les émotions et réfléchissez à ce qu'elles vous donnent envie de faire

| Dessiner l'émotion | pourquoi ai-je ressenti cela? | Ça me donne envie de |
|---|---|---|
| 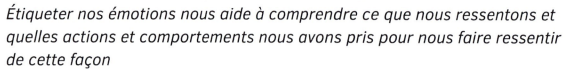 **Bonheur** | J'ai trouvé mon ami en train de se disputer avec une autre personne, d'échanger des insultes et de crier. Je n'aimais pas ce comportement, alors je suis intervenu. Je suis intervenu. Je suis heureux parce que j'ai résolu le conflit de manière pacifique. | sourire<br>rire<br>tranquille |
|  |  |  |
|  |  |  |
|  |  |  |
|  |  |  |

# Nommer les émotions

*Étiqueter nos émotions nous aide à comprendre ce que nous ressentons et quelles actions et comportements nous avons pris pour nous faire ressentir de cette façon*

- Étiquetez les émotions et réfléchissez à ce qu'elles vous donnent envie de faire

| Dessiner l'émotion | pourquoi ai-je ressenti cela? | Ça me donne envie de |
|---|---|---|
|  |  |  |
|  |  |  |
|  |  |  |
|  |  |  |
|  |  |  |

# Étiquetez vos émotions

Regardez les émotions dans le tableau ci-dessous et écrivez ce qu'elles vous donnent envie de faire. Ensuite, pensez à une façon plus saine de répondre à ces émotions.

| Émotion | Qu'est-ce que ça me donne envie de faire ? | Une réponse plus saine |
|---|---|---|
| Colère | Crier ou frapper | Respirez profondément ou parlez à quelqu'un |
| Tristezza | Tristesse | Parlez à quelqu'un ou faites quelque chose que vous aimez |
| Peur | Fuguer ou se cacher | Respirez profondément ou parlez à quelqu'un |
| Bonheur | Rire ou sourire | Profitez du moment présent ou partagez-le avec les autres |
| Frustration | Abandonner ou céder | Faites une pause et réessayez plus tard |
| Jalousie | Soyez méchant ou compétitif | Célébrer le succès des autres et travailler à l'amélioration de soi |

# Étiquetez vos émotions

*Regardez les émotions dans le tableau ci-dessous et écrivez ce qu'elles vous donnent envie de faire. Ensuite, pensez à une façon plus saine de répondre à ces émotions.*

|  |  |  |
|---|---|---|
|  |  |  |
|  |  |  |
|  |  |  |
|  |  |  |
|  |  |  |
|  |  |  |
|  |  |  |

# Gérer les crises de colère

*Effectuez l'exercice suivant pour apprendre à gérer votre crise de colère*

- Notez 3 situations ou événements qui ont déclenché votre crise de colère aujourd'hui

  1. _____
  2. _____
  3. _____

- Quelle est votre stratégie ou votre plan aujourd'hui pour faire face à ces explosions?

  _____
  _____
  _____
  _____
  _____

- Évaluation de mon plan d'adaptation et démonstration de comportements positifs par les parents + ma récompense.

  _____
  _____

  **C'EST SYMPA**   **GÉNIAL**   **MOYENNE**   **BON TRAVAIL**

Printed in France by Amazon
Brétigny-sur-Orge, FR

21003243R00065